En el trabajo

Veterinarios

Comparación de grupos

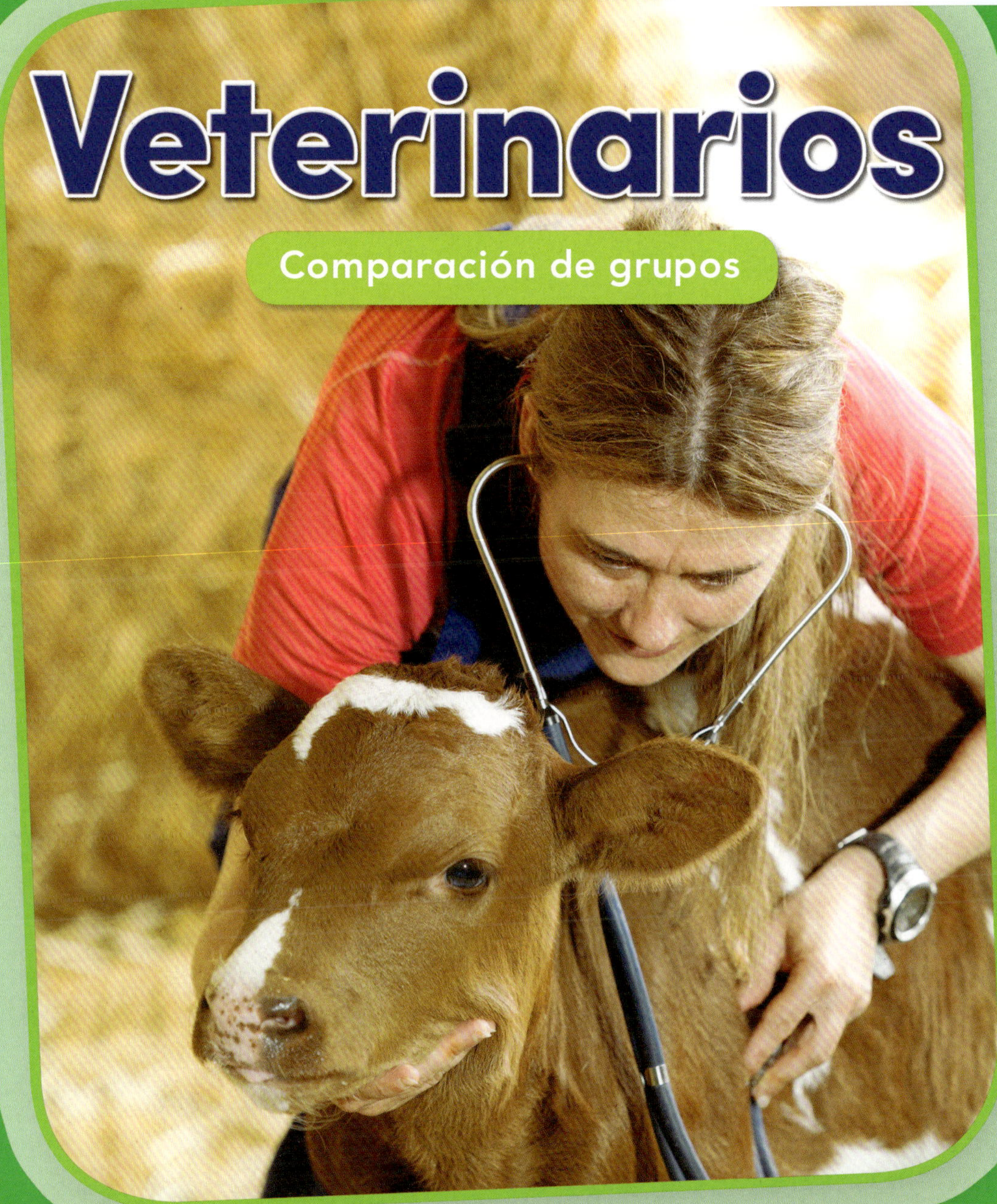

Linda Claire

Los veterinarios
ayudan a los animales.

Ayudan a los animales a estar sanos.

¡Guau!

1 veterinaria
ayuda a 3 gatos.

¡Miau, miau, miau!

2 veterinarias ayudan a
3 conejillos de Indias.

¡Chii, chii, chii!

2 veterinarias
ayudan a 4 caballos.

¡Jiii, jiii, jiii, jiii!

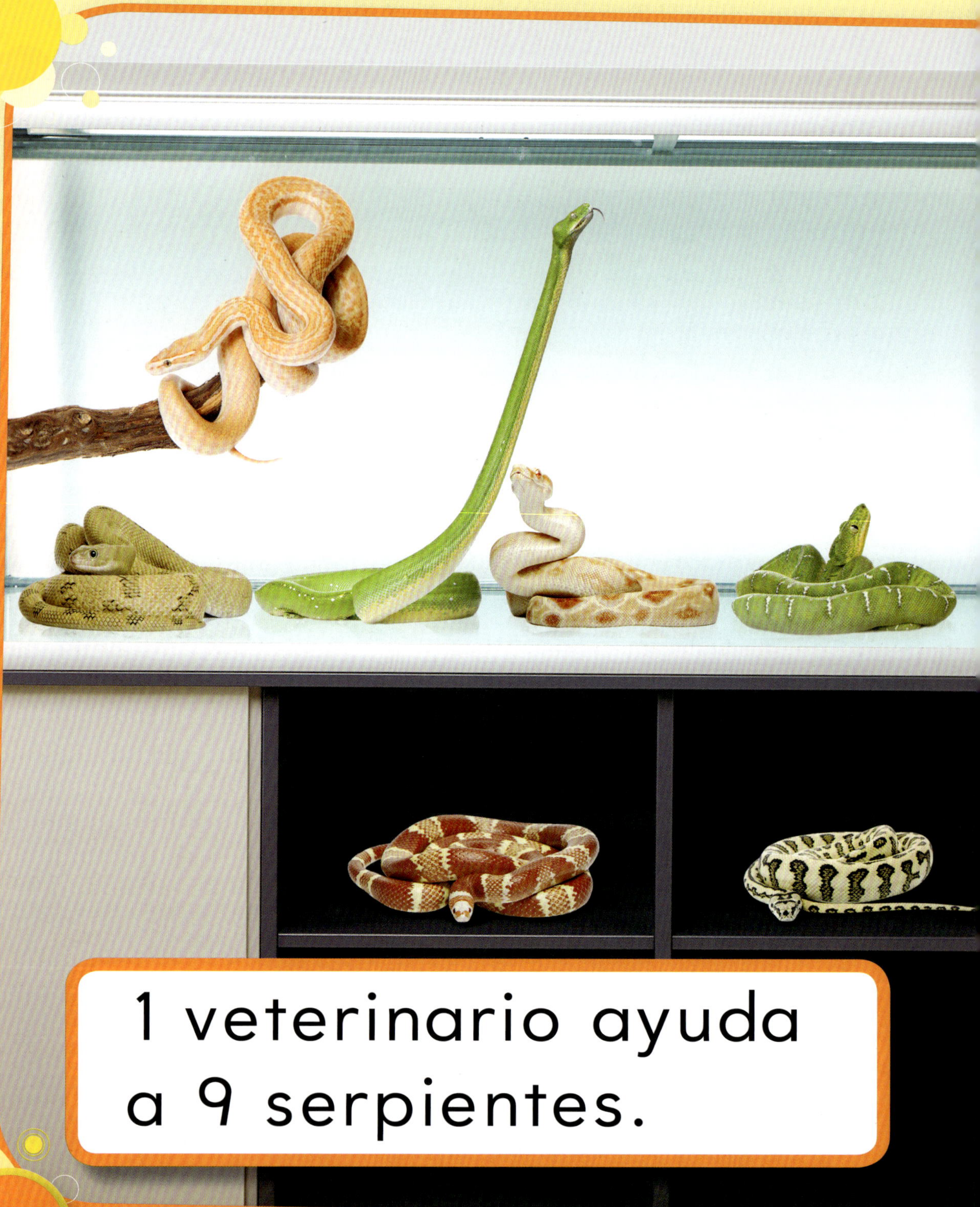

1 veterinario ayuda a 9 serpientes.

¡Sss, sss, sss,
sss, sss, sss,
sss, sss, sss!

1 veterinario ayuda a 7 pájaros.

¡Pío, pío, pío, pío,
pío, pío, pío!

Resolución de problemas

Ayuda al veterinario a contar los animales. Escribe cuántos hay. Compara las cantidades usando las oraciones.

 ___

 ___

 ___

 ___

 ___

 ___

1. ___ es mayor que ___.

2. ___ es menor que ___.

3. ___ es igual a ___.

Soluciones

: 5; : 3; : 5;
: 4; : 1; : 7

1. Ejemplo: 7 es mayor que 4.

2. Ejemplo: 1 es menor que 3.

3. 5 es igual a 5.

Asesoras

Nicole Belasco, M.Ed.
Maestra de jardín de niños, Distrito Escolar Colonial

Colleen Pollitt, M.A.Ed.
Maestra de apoyo de matemáticas, Escuelas Públicas del Condado de Howard

Créditos de publicación

Rachelle Cracchiolo, M.S.Ed., *Editora comercial*
Conni Medina, M.A.Ed., *Redactora jefa*
Dona Herweck Rice, *Realizadora de la serie*
Emily R. Smith, M.A.Ed., *Realizadora de la serie*
Diana Kenney, M.A.Ed., NBCT, *Directora de contenido*
June Kikuchi, *Directora de contenido*
Véronique Bos, *Directora creativa*
Robin Erickson, *Directora de arte*
Caroline Gasca, M.S.Ed., *Editora superior*
Stacy Monsman, M.A., *Editora*
Karen Malaska, M.Ed., *Editora*
Michelle Jovin, M.A., *Editora asociada*
Sam Morales, M.A., *Editor asociado*
Fabiola Sepúlveda, *Diseñadora gráfica*
Jill Malcolm, *Diseñadora gráfica básica*

Créditos de imágenes: Todas las imágenes provienen de iStock y/o Shutterstock.

Library of Congress Cataloging-in-Publication Data

Names: Claire, Linda, author.
Title: En el trabajo : veterinarios : comparaci?on de grupos / Linda Claire.
Other titles: On the job. Spanish | veterinarios
Description: Huntington Beach : Teacher Created Materials, Inc., [2020] | Series: Mathematics readers | Audience: K to Grade 3. |
Identifiers: LCCN 2018052840 (print) | LCCN 2018055055 (ebook) | ISBN 9781425822842 (eBook) | ISBN 9781425828226 (paperback)
Subjects: LCSH: Veterinarians--Juvenile literature. | Animals--Juvenile literature.
Classification: LCC SF756 (ebook) | LCC SF756 .C5318 2020 (print) | DDC 636.089092--dc23
LC record available at https://lccn.loc.gov/2018052840

Teacher Created Materials
5301 Oceanus Drive
Huntington Beach, CA 92649-1030
www.tcmpub.com

ISBN 978-1-4258-2822-6

2 veterinarios ayudan a 1 perro.